BOOKS & SMITH

New York Editors

TRATADO DE AUSENCIAS

A TREATISE ON ABSENCE

POESÍA / POETRY

RAFAEL ANTONIO TEJADA

TRANSLATED BY EDGAR SMITH

Tratado de ausencias / A treatise on absence

Isbn: 978-1-7368848-1-2

La poesía es el resultado de un accionar que involucra un sentimiento, y la preocupación de quien lo padece, por transmitir esa afección de manera intacta hasta su destinatario, el lector.

Ella guarda una similitud en valor a lo que aspiramos sea la verdad absoluta. Esto así, porque el instante en el que se origina, en la mayoría de los casos, es puro, inagotable... libre.

Poetry is the result of an action that involves a feeling (and the need of the person who experiences it) of transmitting that affection, unblemished, to their addressee, the reader.

Poetry bears a similarity, in value, to what we aspire to be *the absolute truth*. This is so because the instant in which it originates, in most cases, is pure, inexhaustible... free.

Rafael Antonio Tejada

A

Lidia M. Monegro e Isaías Tejada (como siempre),

Mario Alfonso Rodríguez,

Eduardo Lantigua y José de la Rosa,

la abuela Ana Tejada y la tía Berta,

en gratitud eterna.

To

Lidia M. Monegro and Isaías Tejada (as always),

Mario Alfonso Rodríguez,

Eduardo Lantigua and José de la Rosa,

grandma Ana Tejada and aunt Berta,

in endless gratitude.

El tiempo huye del tiempo.

De tanto repetirse, se hizo objeto;

dejó lo abstracto en el fondo de otro tiempo.

Time flees from time.

Out of so much repetition, it became an object;

It left its abstraction in the depths of another time.

El olor del tiempo en la poesía
de Rafael Antonio Tejada

Tantos poetas han escrito, que se llega a amar o a temerle a esa palabra. Y es que, en ella, hay viajes interminables, de preguntas, de amor y contradicciones, de vacíos y alegrías acumulados. ¿Cómo se describen los huecos dejados?, ¿las palpitaciones que duelen? Por algún tiempo he tenido en mis manos *Tratado de ausencias*, un libro de poemas del escritor dominicano Rafael Antonio Tejada. Es este libro un puñado de poemas que él ha dividido en dos partes: la primera corresponde al nombre del libro en su totalidad y la segunda, "Instancias". Las dos se fortalecen con el ritmo que su autor pone en cada verso, cada imagen y cada latido.

En los primeros veinticinco poemas, el tiempo es el alma enorme que todos los días intenta un viaje, busca a los que se marcharon antes, persigue la felicidad, vuela hacia lo eterno. Ellos han dejado una ausencia de abrazos. El poeta se sostiene en el cariño recibido para continuar: "amarro los recuerdos", "me aferro a tu mirada, aún tibia" y en esa metamorfosis que se va dando "su padre es lluvia" y el poeta es "un hombre escrito a golpe de ausencias", entonces son: "uno el eco del otro u otro concepto". "Un vacío es el mundo" después de tantas despedidas. Es un reto a sí mismo seguir encarando al tiempo, sus sorpresas y lo inevitable. Tejada se aferra a la poesía para llenar los huecos que se han ido formando, cuando menos respiraciones de la gente amada susurran a su alrededor. Dulce María Loinaz escribió: "Mi hora no está en el reloj…" "¡Me duele fuera del tiempo…!" y en *Tratado de ausencias*, Rafael Antonio Tejada hace una crítica o quizás un homenaje al tiempo, cuando declara: "El tiempo en que te nombro huye del tiempo", como huye la hora del reloj de Loinaz. En esta primera parte hay saltos que han dejado "espacios huérfanos" donde el poeta anhela oler los últimos abrazos.

En la segunda parte: "En instancias del anhelo" hay veintisiete poemas que se huelen, se saborean y se sienten a lo largo de este canto. Cilantro, cebolla, sopa, avena, caña, café… paila, fogón, fuego, lluvia… son los nombres donde refugia sus recuerdos para que no se debilite la alegría y el amor que ellos en vida le regalaron. El poeta le canta su melancolía al poeta que conoció hace décadas y que tampoco está. Los dos traían colgado de sus dedos a César Vallejo. Evoca al amigo, al ayer, y los recuerdos salen corriendo de su cabeza y ruedan por sus ojos. El poeta viaja en silencio entre ríos, mares, desierto, arena, oasis, polvo. Carga una geografía sedienta de más tiempo, pero sabe que: "de este lado de la vida" ellos son "el eco del otro." *Tratado de ausencias* es una elegía inmensa que Tejada pone en las manos y a la orden de unos ojos que busquen como él respuestas y memorias para mantener vivo a sus muertos. El ritmo en su poesía es un túnel por donde, en movimiento interminable, se viaja para aprender a vivir con las ausencias. "Tu ausencia es motivo de guerra por mis cielos", dice; pero él apuesta a sobrevivir con el dolor, porque ese dolor está hecho de esos amores con los que creció y los que conoció después. Esos que dejaron huellas eternas en su corazón. Él se pregunta: ¿De qué está hecho el olvido?" si "cada vez que se crece el olvido, soy un río" que "trae entre letras la ternura"; por tanto, "no han de morir en mí, los mundos en los que he muerto". Las sombras de los que se han ido son "como soles que alumbran mi nostalgia." Así nos regala el poeta su latir, porque cada vez que piensa en los ausentes, ellos hacen acto de presencia, entonces "crece más su canto".

Yrene Santos, poeta
Julio, 2020
Nueva York

The smell of time in the poetry
of Rafael Antonio Tejada

So many poets have come and gone that one gets to love or fear that word. For, in it, there are endless journeys, of questions, of love and contradictions, of emptiness and accumulated joys. How does one describe the holes life has dug in us? The painful throbbing of broken things? For some time now, I have had in my hands *A Treatise on Absence*, a book of poems by Dominican writer Rafael Antonio Tejada. This book is a handful of poems he has divided into two parts: the first corresponds to the name of the book as a whole and the second he has named "Instances". The two are strengthened by the rhythm that the author puts in each verse, each image and each beat.

In the first twenty-five poems, time is the enormous soul that every day attempts a trip in search of those who left before, in pursuit of happiness, and flies towards the eternal. They have left an absence of hugs. The poet is sustained by the affection he received from them to continue by saying: "I tie the memories", "I cling to your gaze, still warm" and in that metamorphosis that is taking place "his father is rain" and the poet is "a man written by blows of absence", then they are: "As if one were the other one's echo." "The world is a void" after so many goodbyes. It is a challenge to him to keep facing time, its surprises and inevitability. Tejada clings to poetry to fill in the gaps that have been formed, when ever fewer breaths from loved ones whisper around him. Dulce María Loinaz wrote: "My time is not in the clock..." "I hurt outside of time..!" and in *A Treatise on absence*, Rafael Antonio Tejada makes a criticism or, perhaps, a tribute to time, when he declares: "The time in which I name you flees from Time", just as the time on Loinaz's clock flees. In this first part, there are jumps that have left "orphaned spaces" where the poet longs to smell the last hugs.

In the second part: "In instances of longing", there are twenty-seven poems that are smelled, savored and felt throughout this song. Cilantro, onion, soup, oatmeal, sugarcane, coffee... paila, stove, fire, rain ... are the names where he shelters his memories so that the joy and love that they gave him in life does not weaken. The poet sings his melancholy to the poet he met decades ago and who is not here either. The two had César Vallejo hanging from their fingers. He evokes the friend, the yesterday, and then the memories rush out of his head and roll through his eyes. The poet travels in silence between rivers, seas, deserts, sand, oasis, dust. He carries a geography thirsty for more time, but he knows that: "on this side of life" they are "the echo of one another." *A Treatise on absence* is an immense elegy that Tejada puts in our hands and at the command of eyes that seek answers and memories (like him) to keep their dead alive. The rhythm in his poetry is a tunnel through which, in endless movement, one travels to learn to live with absence. "Your absence wages war in my skies," he says, but he bets he can survive the pain, because that pain is made of those loves he grew up with and the ones he met later. Those who left eternal traces in his heart. He wonders: "What is oblivion made of?" if "every time oblivion grows, I am a river" that "brings tenderness among letters"; therefore, "the worlds in which I have died must not die in me." The shadows of those who have left are "like suns that illuminate my nostalgia." Thus the poet gives us his heartbeat, because every time he thinks of the absent, they make an appearance, then "their song grows greater."

Yrene Santos, poet
July, 2020
New York

TRATADO DE AUSENCIAS

A TREATISE ON ABSENCE

Ausencia

El asombro del beso que busca
al abstracto, la concavidad del absurdo,
laberintos, sed de presencias,
y un desear los abrazos que (como el aloe)
mitiguen la grandeza del olvido,
habla de ti.

Transmutada,
ahora puedo verte,
palparte en cada cosa que no está.

El olor del día,
cuando han pasado sus horas
y las sabemos preñadas con lo nuestro,
es clave para descifrar ese mundo
que atrás queda.

En cada intento por reparar lo perdido,
hay un adiós amotinado

Absence

The astonishment of the kiss
that seeks the abstract,
the concavity of the absurd,
labyrinths, thirst for company,
and the constant desiring of hugs
that (like aloe) mitigate the
greatness of oblivion,
tells me about you.

Transmuted as you are, I see you now
——touch you in all that's absent:
the smell of the day
(when the hours have vanished
and we know them pregnant with
our things) is the key to decipher
the world we've left behind.

In every attempt to replace what is lost,
a farewell rebels.

He querido vencer
taponando aquí y allá con pedazos de ayer,
pero una grieta del tamaño que ostentas
no se tapa tan fácilmente.

Para ello
es preciso verse en el otro como un halo,
beberse sus sombras,
escapar de las muertes que te pueblan.

Ser todo y estar.

I have meant to survive
by mending our things
here and there
with pieces of yesterday,
but a crack of your size
is not so easily healed.

It takes
seeing yourself reflected in
the other——like a halo,
drinking their shadows,
escaping the deaths that populate you.

Being everything
and then just being around.

Nos han negado los abrazos

Un instante cualquiera
en esta ciudad de rascacielos y soledades
despierto a la realidad de sueños
mutilados.

Soy testigo de esas muertes;
hace frío, todo va hacia la sed de la tarde.

El afecto huye del afecto
y en su huida me arrastra.

Caigo,
me levanto.
De lo que fuimos ayer,
aún queda este constante deseo de lo tuyo.

He descubierto olor a piel bajo la prisa,
posibilidades para el encuentro,
algo para frenar este despertar que golpea
la intención del roce antes de ser diurnos
—mi apego a la cama.

We've been denied our hugs

Any moment now,
in this city of skyscrapers and loneliness,
I wake up to the reality of mutilated dreams.

I witness their deaths;
It's cold.
Everything is on its way toward the thirst
of the afternoon, affection flees from
affection; and in its flight, it drags me along.

I fall. I get up. Of all we were yesterday,
this constant desire for what's yours
still remains.

I have discovered the smell of skin under
times of rush, possibilities of reencounters,
something to stop this awakening that
defeats the intention of rubbing against
one another before the afternoon arrives
and finds me attached to this bed.

Debo ir a la calle.

Me resisto.

Aún así, debo ir a la calle,
ser parte de este ritual de caída
hacia la nada,
beber de un sorbo lo que
queda del mundo,
respirar la presencia del otro
y que me respire…

mientras nos
negamos los abrazos y las miradas.

I must go out to the street.

Not that I want to,
but I must go on to the street,
play my part in the ritual of falling
into nothingness,
to drink what's left of the world
in a mouthful,
to inhale the presence of others
and let them breathe *me* in…

as we deny one another
our hugs and stares.

Distantes

Llamas.

Eres el silencio que escucho.

El eco del tiempo nuestro,
como imagen en los espejos,
es sol que rescata tu rostro.

Para detener la muerte
ato tu presencia a un enojo,
un abrazo, un beso,
a ese recorrido por Central Park.

Amarro los recuerdos,
me aferro a tu mirada, aún tibia;
me amotino ante este adiós que
se hace grande
e irremediablemente nos arrastra,
nos arrastra,
nos arrastra hacia el olvido.

Distant

You call.

You're this silence I hear.

The echo of our time,
like an image in a mirror,
is a sun that brings back your face.

To stop death,
I tie your presence to a moment of anger,
to a kiss or an embrace,
to our last walk in Central Park.

I tie myself to the memories of you,
anchor myself to your gaze,
rebel against this departure that
has become too heavy
and threatens to drag us,
and drags us,
inexorably, down to oblivion.

Desde el cristal

Ahí van
los días infinitos,
los peces atrapados en el desierto
y el abrazo que se ahoga
en la sed del imposible.

Ahí van
desde el puerto que soy.

Despiadados cuerpos de voces
y poesía zarpan
o como palomas levantan el vuelo.

No sé si soy de aire o soy de agua.

Quizás es fuego lo que pretende este
pesado existir.

A veces soy la lectura de un poema
y transita lo que queda de mí,
el castigo de la ausencia.

From the window

There they go,
the infinite days,
the fish trapped in the desert,
and the embrace—suffocated
in the thirst of impossibility.

There they go,
from this port that I've become.
Cruel bodies of voices
and poetry take to the sea
or, like doves, take to flight.

I no longer know what
I'm made of: water or air.

Perhaps it's fire what this burdened
existence purpurts.
Sometimes, I am a poem just read,
a path through which your absence treks.

Eduardo y de la Rosa se han marchado
y sola está la ciudad.

A veces soy la visita recurrente al cristal
para ver al río Hudson succionando
las palabras,
sabiéndose perenne en la memoria.

Desde sus profundidades
como a Vallejo,
a mí también me llaman esos cuerpos
y los escucho
llenos de una presencia tibia
depositando todas las aguas
del mundo en las mejillas
para que caigan cuesta abajo,
arrastrando
todo indicio de olvido.

Lantigua and De la Rosa have left
and now the city stands alone.

Sometimes,
I recur to the window
to see the Hudson swallow the words,
self-aware that it'll never leave our memory.

From its depths,
Like Vallejo,
I, too, hear the call from those bodies,
imbued of a warm presence,
slowly depositing on my cheeks
all the waters of the world,
so that they can fall downhill
and take away all chance
of forgetting.

Metamorfosis

Este tiempo
de cuerpos cansados y risas ausentes
es el presente de un querer ser y estar
que ahora es pasado.

Solos quedan
el canto del gallo
y el rocío que aún no beben
la grama ni el sol.

Mi padre es lluvia,
un irrigar el futuro con sus aguas saladas,
torrentes de vida cayendo desde su frente.

A veces soy pedazos de ayer,
aproximaciones bravas,
un querer derribar al hombre
que edifiqué con mi muerte.

Metamorphosis

This instant of tired bodies
and absent laughter is the present of
a future desire of belonging,
which *just now* belongs to the past.

Alone remain
the crowing of the rooster
and the dew—that neither
the grass nor the sun will drink.
(I remember those days)

My father is rain,
the action of irrigating the future with
his salty waters—torrents of life
falling from his forehead.

Sometimes, I am but chunks of yesterday,
bold approximations,
the want of tearing down the man
I built with my death.

Elusión de la incógnita

La incógnita es una espera en llamas.
Cóncava, acoge a quien indaga.

Un hueco es el hombre,
abismo donde cae constantemente
hacia sí mismo;
un negarse en el otro que
juega a ser el eco.

¿Por qué este cotidiano suicidio?

Me pregunto y, entonces,
abro la noche.

Como el que por los ojos se mete
hasta las almas,
me adentro por el sueño.

Busco la razón, desciendo,
anclado dejo mi cuerpo en
ese mar de camas que es el letargo.

Elusiveness of an inquiry

The inquiry is a wait in the center of a fire.
Concave, it welcomes those who question
things.

Man is a hole, an abyss,
where he's constantly falling into himself.
An endless self-denial onto the other,
who plays at being an echo.

What is the reason for this daily suicide?

I ask myself, and then I open the night.
Just as he, who, through the eyes
enters the soul,
I step in through dreams.

Looking for a reason, I descend;
and leave my body on that sea of beds
named lethargy.

ahí queda mi cuerpo,
lo que creí ser.

¿A dónde vamos en cada ausencia?

De nuevo me pregunto
y abro puertas hacia otra puerta.

La respuesta espera.

He recorrido casi entero el laberinto.
Me aproximo,
estoy por llegar hasta el secreto,
pero me sorprenden los cantos
del amanecer

y, como siempre,
la luz me siembra en la realidad del olvido.

There is now my body,
all I believed I was.

Where do we go in every absence?

Once again, I ask the question
and open doors that lead
to another door.

The answer awaits.

I'm almost done running
the whole labyrinth,
I'm inching closer to the secret,
but the chants of dawn surprise me
and, as always,
light relocates me in the reality
of being forgotten.

Te propongo

Soy el canto de la lluvia en
la ternura del amanecer,
la mirada y el abrazo por llegar,
un rumor acercándose,
dejándose escuchar en el deseo.

Soy hombre escrito a golpes
de ausencias.

Por eso busco tus ojos
en ese mar de incógnitas que es la noche.

Los busco, me sublevo.

Como el que quiere liberarlo todo,
persigo la visión más amplia,
en la que quepan el niño y sus alegrías,
ahora ausentes.

Te propongo salir hacia el barranco,
la crecida del río y esos mundos
que somos.

The proposal

I am the song of rain in the
tenderness of daybreak,
a promise of hugs and glances
soon to come,
an approaching rumbling sound
—easily heard in desire.

I am a man forged by blows of absence.

It's why I seek your eyes in the sea
of questions the night has become.

I search for them, I revolt.

As one who intends to set
all things free, I pursue the broadest
of all visions, where the joy of children fits
—this joy now lost.

This is my proposal: let's walk to the
riverbank, by the stream, and stare at
all the worlds we're made of.

Intento verme desde ti

Ayer nos sabíamos mutuamente
a través de la risa y las miradas;

por eso, desde este abismo
que es ahora la vida,

busco tus ojos para que se dejen ver
y vean los míos,
liberándose mutuamente,
reinventándose
en eterna reciprocidad.

Seeing myself through you

We knew one another completely through
laughter and stolen glimpses;

reason enough to seek your eyes now
in this life turned abyss,
to see them,
and so you can see mine
(in mutual liberation),

reinventing one another
in endless reciprocity.

Una parte de mí tiene tu nombre

Un habitar el tiempo
que fue nuestro me ocupa.

Me pueblan instancias bravas.

Pedazos de vidas amotinados
saturan el presente que soy.
Soy hombre escrito a golpes de ausencia.

De ese ayer huye el futuro,
mas cae hacia él,
constante e inexorablemente.

Inevitable es saberte parte mía
y la sospecha de que, como a mí,
a ti también se te ocurra esta idea
de fundir singulares para dar vida al plural.

Algo así como
uno eco del otro,
suicidio de las formas que nos dejan libres,
dioses cuyas almas se avistan mutuamente.

A part of me is named after you

Revisiting this time that was ours
keeps me occupied.

Brave instances inhabit me.

Shards of mutiny-driven lives
saturate the present *me*.
I'm a man erected by blows of absence.

The future tries to flee from the past;
yet, constantly, inexorably,
it keeps falling back into it.

You are a part of me—impossible not to
know—and I suspect that, like me,
you also have this idea of melting singulars
together to bring plurals to life.

As if one were the other one's echo.
Suicide of all shapes that set us free,
goddess and gods, staring
at one another's souls.

Estás, siempre estás

Estás aquí, lo sé. De no ser así,
¿cómo explicar este acelerado
palpitar del tiempo?
¿mi barca detenida en cualquier puerto
tuyo y este recorrido por todo lo
que te nombra?

Estás aquí, omnipresente,
como una diosa.
Renombrada la tarde,
me haces vigía del credo.

Llegas, infinitamente llegas.
Tus ojos son senderos que
aproximan los tiempos.

La negritud me acaricia desde ellos,
tierna, se reconoce en ti y en mí,
como un canto prolongado.

Eres un amor de miradas que
esquivan los caminos del olvido.

You are always here

You are here, I know.
If not, how do I explain this
rushing palpitation of time,
my boat anchored to one
of your many ports
or this journey over all the things
that evoke your name?

You are here.
Like a goddess,
you drink all absence.
You arrive—infinitely, you arrive.

Your eyes are trails
that bring epochs closer.
Blackness caresses me from their depths.
Tender, it recognizes itself in
you and me, like a prolonged song.

You are a love made of looks always
dodging the paths to oblivion.

Un vacío es el mundo

Un poeta se mueve por la noche.

Perro fiel es la palabra que le acompaña.

Deambula, mano extendida,
abrazo abierto,
abrazo que espera.

Un vacío es el mundo.
Se han ido los amigos,
infinitamente se han marchado.

Desesperado sentimiento
ese grito que aún no llega
y la noche,
hecha de silencios,
se escucha a sí misma.

Desde el rincón que le asila
algún quejido ha de burlar la otredad.

Saciará la sed de ese deseo

The world is a void

A poet moves at night.

His words are a faithful dog
keeping him company.

He wanders,
hands outstretched,
an open hug
—the hug that awaits.

The world is a void.
Friends are gone—infinitely gone.

Desperate feeling,
the scream not yet arrived,
and the night,
made of silences, listens to itself.

From the corner that shelters it,
a wailing of sorts will mock the otherness.

It'll quench the thirst of that desire.

Luego,
quizás luego.

Ahora la noche es alfiler,
rojo descender por el abismo
hasta el insomnio.

Pesada carga es la vida,
el tiempo y su muerte,
el ser y no estar.

Later,
maybe soon.

Now the night is a pin,
a red descent into the rift,
down to insomnia.

Life is a heavy burden,
time and its death,
being yet not being around.

Exiliado

1

Desde la soledad,
un grito abre el instante.

¿Quién canta su muerte?

No lo sé;
solo soy el que dejaron un día
para andar por laberintos a ciegas.

No está la luz de tu voz.

Ni siquiera el enojo.

Solo el grito,
un decir que habla de ausencias,
anhelos y melancolías.

Exile

1

From loneliness,
a scream opens the instant.

Who sings their own death?

I don't know,
I am just a man left behind
to walk blindly in labyrinths.

The light of your voice is no more.

Not even your anger.

Only this scream,
a talk of absences,
desires and melancholy.

2

Ha muerto el mundo.

Ese que inventamos (para que como niños
en juego corriera libre el sentir de la
amistad) colapsa con tu adiós.

Ha muerto
y ya no están los saludos,
las lecturas de Neruda,
ni el canto de Silvio
para hacer más fácil el vino.

He de confesar que en este desierto
que soy, tormentas de soledades
arrastran mis arenas.

Ha muerto el mundo
y ya no está Juan Rulfo,
su voz.

Esa que dice del saber de la gente
vive ahora en otra instancia.

2

The world is dead.

The one we invented
(to play, like children,
where friendship could run free)
vanished with your goodbye.

It is dead
and I miss the greetings,
our readings of Neruda,
Silvio's songs,
which made the time for wine much easier.

I must confess
that in this desert I've become,
storms of loneliness blow away my sands.

The world is dead.
Juan Rulfo (his voice) is gone, too.

His voice, which spoke of people's wisdom,
lives now in some other distance.

Aquí estoy,
exiliado,
tirado en el olvido,
solo queda de mí
la inmensidad del deseo de lo tuyo.

Camus invita.

El mito de Sísifo consume mis manos.

Me han negado el mundo.

No sé,
no sé si encontraré la salida.

Yet I am here,
in exile,
abandoned to fate.

The immensity of this desire of you
(and everything yours) is all I have left.

Camus is an open invitation.

The myth of Sisyphus is a flame
consuming my hands.

I've been denied the world.

I don't know
whether or not I'll find my way out.

3

La puerta hacia lo abstracto es un espejo.

Tu cuerpo (como objeto) entra al juego,
y la luz (como imagen) invade los espacios.

Esos que somos:
él, ella, yo, nosotros,
distamos exactos.

Plano,
el espejo al que caemos
nos habla del tiempo del adiós.

3

The door to enter the abstract is a mirror.

Your body (now an object) gets in the game
and light (now a shape) invades all spaces.

All of us:
he, she, I, we,
stand perfectly away
from and one another: equidistant.

Flat,
the mirror in which we fall,
talks about a time of farewells.

Oda al poeta

Ahora,
descifrada la ira,
entiendo el porqué de su presencia
y sepulto sus misterios.

Tu rebeldía es un grito callado,
el último recurso para salvar al mundo,
un ceder a la palabra la grandeza
de la transfiguración del universo.

Dibujar por los entornos
de la geografía del ser
y llenar con el grafito de la existencia
la nulidad blanca del papel,
te ocupa.

Tu rebeldía es la prisa calculada
del que sabe
atajar la muerte
con versos cargados de vida.

Ode to the poet

Now
that anger has been figured out,
I understand the reason for its presence
and bury its mysteries.

Your rebellion is a silent cry,
the last resort to save the world,
a concession to words of the greatness
of the transfiguration of the universe.

Drawing through the landscapes
of the geography of being,
and filling (with the graffiti of existence)
the white nullity of the paper,
is your calling.

Your rebellion is the calculated haste
of those who know
how to halt death
with verses filled with life.

Un amigo

Con voz cargada de vida
y esos puñales
que otros llaman abrazos,
desde el ayer,
un amigo irriga la aridez de mi presente.

Tardanzas

Lo que llamaron tiempo
se vistió con mi nombre.

Por sus segundos se colgaron las vivencias
y así llegué hasta ti,
para no verte,
porque para entonces
ya poblaban tu mundo las ausencias.

A friend

With his voice brimming with life
and these daggers other people call hugs,
from the realms of yesterday,
a friend irrigates the arid lands
of my present.

Tardiness

That, which they named time,
used me and my name as garments.

Experience hung from its seconds
and that's how I got to you
but I did not see you
because, by then,
your world had already been
occupied by absence.

Nosotros, los de ayer

Soy el canto del silencio.
La mañana es testigo.

Desde la muerte del mundo
Mi voz crece,
voz de otra voz,
grito para cantar la odisea.

Hemos llegado tarde,
excluidos del vuelo del Fénix,
sembrados de una realidad aterradora.

La vida es virtual,
inaccesible…
nosotros, los de ayer,
nacimos sin alas.

We, the ones from yesterday

I am the song of silence.
The morning is my witness.

Since the death of the world,
my voice grows louder,
voice from another voice,
a scream to tell its odyssey.

We are late,
excluded from the flight of the Phoenix,
planted in an atrocious reality.

Life is virtual,
inaccessible…

We, the ones from yesterday,
were born without wings.

Somos tierras con sombras que se crecen

No lloro.

El tiempo está lleno de tus cosas.
Como lunas alumbran las vivencias.

Aún así, están nublados nuestros cielos.
Somos tierras con sombras que se crecen.

Si fuese posible lo imposible,
si no estuviésemos aquí,
frágiles,
recogiendo de la esperanza rota sus añicos.

Una lanza en el costado
es beber desde ti
la certeza de la muerte,
su irremediable extensión.

Para estar,
a veces quisiera no estar, pero estoy.

We are lands with growing shadows

I am not crying.

Time is full of your things.
Like moons, they shine over
everything you've lived.

Even so, our skies are clouded.
We are lands with growing shadows.

If impossible were possible,
if we weren't here,
fragile,
picking up bits of shattered hope.

A wound in your ribcage
means that I will drink
from you the certainty of death,
its imminence.

To be,
sometimes I wish I weren't here, but I am.

El tiempo sigue lleno de tus cosas
y, como lunas,
alumbran las vivencias.

No lloro, no;
es solo que a veces
como pajilla
uno de tus recuerdos se cae hasta mis ojos.

Time is full of your things,
and, like moons,
they shine over
everything you've lived.

I am not crying, oh no;
it's just that, sometimes,
like dust,
memories of you fall in my eyes.

Perenne

Después de la muerte
nacerás hecho un polen
para fecundar lo eterno
con el infinito de tu abrazo.

Perennes,
tus palabras saldrán
como lirios y azucenas,
festejando su triunfo sobre los inviernos.

Después de esta pausa,
sombra sembrada de rascacielos,
dulce sepulcro que atrapa,
nacerás para el milagro.

Abriré la noche
y dejaré que desde ella
vuelen las cosas nuestras.

En este viaje,
con la prisa que vamos,
hemos dejado atrás algunos mundos.

Perennial

After dying,
you will return as pollen
to fertilize eternity
with the endlessness of a hug.

Perennial,
your words will come out,
like tulips and white lilies,
to celebrate their triumph over the winters.

After this pause,
shadow inhabited by skyscrapers,
sweet tomb,
you will be reborn to carry the miracle.

I will open the night
and let our things fly away.

In this journey,
at this speed,
we have left behind a few worlds.

Tu rostro viste mi alma

El tiempo en el que te nombro
huye del tiempo.

De tanto repetirse se hizo objeto,
dejó lo abstracto en el fondo
de otro tiempo.

Ahora,
el negro de tu pelo y tu mirada
te traen visible.
Sonoros son los instantes
donde reposa tu voz.

Un restar de distancias
son tus manos de ayer.

Para llegar al olvido
no veo rutas.

Quedas, siempre quedas,
como un cielo,
tu falda cubre al mundo.

Your face is wearing my soul

The time in which I name you
runs away from itself.

Out of sheer repetition, it became
a concrete thing, left its abstraction
at the bottom of a different time.

Now, the blackness of your hair and eyes
has made you visible for me.
The moments where your voice rests
have become sonorous.

Your *yesterhands* are a subtraction
of distances.
I don't see the routes that can take me
to forgetfulness.

You remain —always lasting and sky blue—
your skirt covering the whole world.

El salto

Desde el minuto anterior
salté hacia el que vendría después del exilio
y la ausencia del canto de las palomas.

Para burlar la embestida del recuerdo,
llanto extendido,
que como daga lacerante abre las tardes,
salté.

Vi que te morías y todo te llevabas contigo;
por eso dejé libre a mi alma
para que cabalgara por las vastedades
de otros soles.

Aún así, debes saber
que en este mundo
se respira tu presencia.

The jump

From the minute prior to exile,
I jumped forward to the minute after
and onto the absence of the doves' coos.

To avoid the ambush of memory
(extended cry,
knife that cuts the afternoon open),
I jumped.

I saw you
in the process of dying and how
all things died with you.
So I set my soul free to gallop over
the vastness of other suns.

Even so,
you must know:
in this world, your presence
is still the only air I breathe.

Espacios huérfanos

Hay espacios huérfanos,
espacios que claman tu presencia
y labios en coma

Hay caminos mudos
caminos que esperan tus palabras
y huellas que olvidan sus pasos

Un deseo
necesario como lo es tu sonrisa a mis
recuerdos
nace en realidades que obvian lo fugaz

Hay espacios huérfanos
y un parecido a dios
en el instante que te veo

Prisionera de la impenetrabilidad
tus ojos dibujando mi forma
gritan sus miradas tangenciales.

Orphan spaces

There are orphan spaces here,
spaces claiming your presence
and dying lips.

There are speechless paths,
paths waiting for your words
and footprints whose own steps they forget.

Your smile is a necessary wish
for the sanity of my memory.
It is born in a reality that ignores its fugacity.

There are orphan spaces
and a resemblance to God
in the moments I see you.

Prisoner of impenetrability,
your eyes cry out tangential glances
as they sketch my shape.

Un sol

Un sol,
algún sol habrá cercano,
y aves de fuego que engullan las sombras.

Relojes nuevos
desde donde nos lleguen
tiempos hinchados de anhelos,
de brújulas para exorcizar los rumbos
las distancias.

Un sol,
debe haber por aquí un sol,
uno que borre la noche
y lo que nos separa.

Lo buscas;
puedo adivinar qué buscas.

Sé que como yo,
con memoria de perro,
olfateas el último de nuestros abrazos.

A sun

A sun,
there must be a sun nearby,
and birds of fire
to swallow the shadows.

New watches,
from which different times will arrive
fully swollen with longings,
with compasses to exorcise
destinations and distances.

A sun,
there must be a sun around here
to erase the night
and all things that separate us.

You are looking for it—I figured
out what. I know that, like me,
with a dog's memory,
you are sniffing around for
the last of our hugs.

Presente continuo

Ahora,
un poco más allá,
las agujas depositan en su diario
de ausencias los anhelos.

Mi sed de ser no doma a la bestia
que devora a lo interior
y anida en su tiempo al otro tiempo.

Ahora,
un poco más allá,
la dualidad nos habla de tu ausencia,
del pasado, del futuro,
del juego despiadado al que asistimos.

Continuous present

Now,
a little bit farther,
the hands of a watch
deposit yearnings
in the journal of absences.

My hunger of being
does not tame the beast that
devours me inside
and nests, within its time, a different time.

Now,
a little bit farther,
duality talks about you not being around,
about our past and future,
and this cruel game we keep playing.

Ahora que no estás

Ahora que no estás
llegan las palabras,
seducen mis manos,
las hacen fecundas.

Azul, negra, roja,
la tinta es una intención,
un querer dibujar la tristeza,
la alegría,
el rostro del limpiabotas después
de tu abrazo,
su mirada apuñaleando la tarde…
ahora que no estás.

Now that you're not here

Now that you're not here
words return to me.
They seduce my hands,
make them fertile.

Blue, black, red,
ink is an intention,
a desire of drawing sadness, joy,
the face of the shoeshine kid
after a hug,
his gaze stabbing the afternoon dead...
now that you're not here.

Tenías razón

Te doy permiso.
Juega,
bate la tierra con tus manos,
rompe infinitamente las macetas;
la función adorno,
rómpela.

Vuelve al juego.
Juega, mi niño,
diles a todos que yo estaba equivocado.

Tenías razón,
es mejor seguir a Hernández;
él sabe mejor que yo,
Miguel sabe,
eso de escarbar en otras tumbas.
Yo no sé.
Me son ajenos los caminos.
Juega, es mejor así;
solo la tinta, el papel y la palabra
saben de mi ternura.

You were right

Play,
you have my permission.
Go play with the soil,
break the flowerpots once and again,
its vain purpose,
break it.

Go back and play,
my child,
tell everyone I was wrong.

You were right,
follow Hernández.
He knows better,
Miguel knows how to scrape
in other people's tombs.
I don't know.
I've been denied the paths.
Play, it's better this way:
only the ink, the paper and the words
know about my tenderness.

Eres llanto de piano

Quisiste llegar
alto,
un poco más,
y te nacieron alas,
escaleras grandes como a mi sed.

Ascendiste
y ahora el deseo del regreso,
como parte tuya,
echa raíz por nuestros mundos.

Quieres tocar el mar,
las arenas,
accidentarte como la brisa en la palma,
viciar tus ojos en ese salobre paisaje,
pero no es posible;
solo a nosotros se nos permite,
a los tangenciales.
No a ti,
plural rebelde,
ni a la penumbra en la que yace Blue Note.

You are a piano's cry

You wanted to reach high,
a little bit higher,
and then, you were given wings,
a big stair so you could climb.

You ascended
and now, the urge to return
(like a thing born in you)
spreads roots in our worlds.

You want to touch the sea and the sand,
crash, like the breeze, against the palm
tree, get your eyes used to that
landscape of salt.

But it is not possible.
Only we are allowed;
only the tangential ones.
Not you,
rebellious plural form,
nor the gloominess where Blue Note rests.

Baila,
ahora eres llanto de piano,
una nota.

Como Michael camilo
estás, ahí estás también,
y en Bávaro,
en Las terrenas,
estás en todas partes,
te pareces a Dios.

Dance,
you are now a piano's cry,
a single note.

Like Michael Camilo,
you are here,
over there you are, too;
and in Bávaro, in Las Terrenas,
everywhere, you are,
just like God.

En alas del anhelo

En alas del anhelo
(interminable realidad del deseo)
batiendo el viento y mis sales, viajas.

Profundo e inmenso es mi mar,
de agitadas olas,
testarudas.

Cabalga en su lomo
lo que queda de mí,
lo que define al tiempo.

Yo
náufrago
busco entre los escombros:
una mirada
una risa
un enojo
algo a lo que aferrarme,
algo para atar tu presencia.

In wings of longing

In wings of longing,
(endless reality of desire),
flapping both wind and my salt,
you travel.

Deep and vast is my sea
of restless, stubborn waves.

It rides on its back:
what's left of me,
what defines time

I,
castaway,
rummage in the debris for
a glance
a laugh
an instant of anger
something I can hold on to,
something to tie your presence with.

Instancias

Instants

El tiempo tiene rostros.
Miradas que seducen al alma.
Miradas que se crecen con los días.

Desde la cognición,
la vida se deja ver
como un paseo por el tiempo.
Todo segundo bebe en ti y en mí.
Pedazos nuestros lleva consigo.

Time has faces.
Looks that seduce the soul.
Stares that grow with the days.

From knowledge,
Life is perceived as a journey through time.
Every second drinks from you and me.
They carry along pieces of us.

La tarde es un rosario

La tarde es un rosario de instancias
colgadas en los recuerdos,
un olor a vida que emerge
desde el cilantro.

Mi madre, ave que nutre con su voz, teje,
extiende el milagro de las cebollas
con sopa, sacia la sed del mío
y otros mundos.

Ahora no estoy.

El nido de la cigua palmera
(tirado por el suelo) es un lamento
que retrata mi no estar.

Hace un tiempo me venció la otredad.

Exiliado,
soy la mirada que implora
por la lluvia,
nube seca.

The afternoon is a rosary

The afternoon is a rosary of moments
hung from memory,
a scent of *being alive*
that emerges from celery.

My mother—bird that nourishes
with her voice—knows how to knit,
to extend the miracle of onions in soup,
to quench the thirst of my world
and others'.

I am not here now.

The nest of the palm tree Cigua
(lying on the soil) is a lament that
portrays my absence.

I've been vanquished by this otherness.

Exiled,
I am these eyes imploring rain,
a dry cloud,

En fin, un anhelo que no cae.

Mi padre, espejo roto,
imagen del abstracto.

Es un llamado hacia el retorno.

Yo soy una instancia
colgada en los recuerdos.

a longing, in the end, that won't happen.

My father is a shattered mirror,
image of all that's abstract.

He is a call toward returning.

I am a moment
hanging from memories.

Como crece un instante

De la lluvia,
me quedo con su canto
y ese callar ante el silencio
cuando besa los techos de zinc

Las gotas son teteras que nutren
columnas de violento ascenso.

Parado aquí, en el alero,
miro cómo crece este instante.
Le dejo abrirse paso,
cruzar la espesura de esta cotidianidad
que juega a detenerlo todo.

En él, a escondidas, van ellas.
¡Ah las gotas!

Las dejo;
sé que quieren llegar,
habitar el punto de partida

The way an instant grows

Of the rain, I keep its song
and that moment we choose not to speak
as the rain drops kiss the zinc plates.

The drops are the breasts that feed
columns of violent ascent.

Standing here, in the attic,
I see this moment grow.
I let it pass ahead,
and traverse the density of this
commonness that plays a game
of bringing all things to a halt.

In it, hidden, they advance, too.
Oh the raindrops!

I allow it.
I know they want to reach the place where
departures happen

para beberse el lugar con sed
de inmigrante.

Las miro y me veo en su angustia

Son hermosas,
como madres de tetas colgantes
como el cielo que vendrá
después del reposo de las aguas.

Pero ahora, allá afuera, la tempestad invita.

Recuerdo
como leña seca, me subo al fogón,
me uno al fuego para apurar la avena

La lluvia es madre
los ríos, los mares, y este sentimiento que
me arropa, nacieron de ella

Zeneida escucha las palabras de mi madre:

to drink up the whole place with
an immigrant's thirst.
I look at them and see myself
in their anguish.

Beautiful they are,
like mothers whose breasts hang loose,
like the sky sure to show up
after the rainwaters have
found repository.

Yet, now, out there, the tempest is enticing.

Remembrance like dry wood,
I tend to the fire,
join it to hurry the oat to a boil.

The rain is a mother:
the rivers, the seas and this encompassing
feeling were born from her.

Zeneida hears my mother's words:

"¡Mueve la avena, muévela
constantemente, para que
no se te suba, muévela!"

Y todo es vida.

El fuego se aviva con la voz.

Desde su alegría
se escapa el alma del madero.

La veo salir, como pequeñas luciérnagas,
pedacitos de calor que volaron lejos
y ahora están aquí, calientitos,
dejándose ver, como palabras aladas
que quieren volar.

"Stir the oat, never stop stirring it,
stir it before it spills over."

And it's all about learning how to live.

The fire rekindles with her voice.

From her joy,
the soul of the wood soars.

I see it as it flies away,
a commotion of fireflies,
tiny bits of heat rising

And now, they are here,
hot and visible,
winged words eager to take flight.

Un viaje hacia lo eterno

Tía Berta,
en esta hora sembrada de distancias,
tus manos son un muestrario
donde reposan mis ojos.

De azules ríos insinuados
por donde los tiempos se dejan ver
como pedazos de vida, son caminos
que permiten el regreso.

Allá lo eres todo:
las iglesias, las panderetas,
la tía Carmen, Francisco,
la abuela Anita,
el batey, el gagá

Corro,
como la locomotora que
transporta los anhelos de la caña,
corro.

A trip to eternity

Aunt Berta,
at this hour riddled with distances,
your hands are the sample book
upon which my eyes rest.

Blue rivers, barely sketched,
through which one can see all different
times (as if slices of life)
are pathways that make returning possible.

Over there, you are everything there is:
the churches, the tambourines, aunt
Carmen, Francisco, Grandma Anita,
the batey, the Gagá…

I run,
like the locomotive transporting
the yearnings of the sugar cane,
I run

Yo también quiero ser cristal,
terroncito de azúcar, la palabra acariciada,
la biblia que bebe en tus ojos.

Tía Berta,
para que vean cómo vas hacia lo eterno
sobre este papel,
deposito la zona colonial,
el misterio de sus piedras,
y la alegre pobreza
desde la que hoy
todo se lee hermoso,
mío,
inagotablemente mío.

I, too, want to be a crystal,
a tiny block of sugar, the caressed word,
the bible drinking from your eyes.

Aunt Berta,
to let them see how you
reach out to eternity
on this piece of paper,
I bring the Colonial zone,
the mystery of its stones,
and the cheerful poverty from which
all things seem beautiful
and mine,
inexhaustibly mine.

Evocación

Soy como el desierto:
levante de arenas,
vuelo de mares.

Pájaros diminutos
lloran humedades perdidas,
el ayer de sus pueblos,
la sal y el barro.

Levante del tiempo soy,
alas, como tus agujas,
reloj.

Para volar soy hora
minuto
segundo,
la instancia nuestra,
esa en la que eras y eres
como el mar,
que lloran las arenas todo.

Evocation

I am like the desert:
ascension of sand,
flight of seas.

Tiny birds cry the loss of humidity,
the yesterday of their folks,
the salt and the mud.

Rising of time I am,
wings
—just like your hands, oh watch.

In the act of flying, I am now
a minute
a second,
the instant of us
in which you were then and still are,
like the sea the sands weep all over.

Nos visita el Sahara

Nos visita el Sahara
con recuerdos de mares perdidos,
oasis que se fueron hacia
el poema de Yrene...
con melancolías, nos visita.

Cargando mi niñez en sus alforjas
como camello
levantó el vuelo
desde el laberinto de Eduardo.
Esta mañana lo vi partir,
adentrarse en mi geografía.

Me leí en otro tiempo
en el misterio de unas nubes sedientas,
en la ausencia de la lluvia,
en la muerte a la que asistimos
desde siempre.

The Sahara pays us a visit

The Sahara pays us a visit
with memories of lost seas,
oasis gone to Yrene's poem
...with melancholy, it visits us.

Carrying my childhood in its saddlebags,
like a camel,
it rose from the ground
from Eduardo's maze.
I saw it go this morning,
saw it enter my geography.

I read myself in a different time
in the mystery of thirsty clouds,
in the absence of rain,
in this death we keep
attending since forever.

Ahora entiendo el porqué
del fracaso de los rezos,
de plegarias solitarias que no saben
de esos pedazos de sed
que se beben las aguas.

Ahora entiendo de la maldad del viento,
del polvo que nos trae desde lejos,
y sin piedad deposita
sobre nuestros huesos.

I see now why the prayers failed,
why the shreds of solitary supplications
failed—they know nothing of these lapses
of thirst that drink up all the water.

I understand now the angst of the wind,
this dust it brings from afar
and, mercilessly, places all over our bones.

Por caminos ancestrales

No crecieron por aquí
la Torre Eiffel
el Big Ben
las pirámides
ni los rascacielos,
pero hay
junto a la brisa
y ese irse con las hojas
un sentir que ata mi alma.
      Ando por caminos ancestrales
donde aúllan las huellas
descifrando sus llamados
desde el lodo y las piedras.
No crecieron por aquí los rascacielos;
más grande fue el bostezo de la iguana,
la caída del sol por el barranco,
la sospecha de la ausencia.

No crecieron, no, pero al final del día
cuando hemos vencido la sal y el cansancio
puedo ver la grandeza en tus ojos.

Through ancestral roads

The Eiffel Tower
The Big Ben
The pyramids
The skyscrapers...
None of them grew up around here.
There is, however, along the breeze
(along this going-away with leaves)
a feeling that ties up my soul.
                    I walk on ancestral roads
where the footprints howl
deciphering its callings
from the mud and the rocks.
The skyscrapers did not grow around here;
the yawn of the iguana was greater,
the fall of the sun down the cliff,
the suspicion of absence.

They did not grow, no,
but at the end of the day,
having defeated both salt and exhaustion,
I do see the greatness in your eyes.

**De este lado de la vida,
somos el eco del otro**

Es tiempo de reptiles.

El sol cae al bostezo de las seis,
a la ineludible realidad del ciclo.

Sé que tu rostro y el mío se verán
mañana a plena luz.

Ahora andamos por calles oscuras,
olvidamos los parques,
el canto de tu voz,
la contemplación,
el vuelo de tus manos por las mías.

Como ves,
han creado un mundo a imagen y
semejanza ajena.

En la esquina cuatro, arrastras el dolor.

**This side of life,
we're someone else's echo**

This is a time of reptiles.

The sun drops as Six o'clock yawns,
giving way to the inescapable reality
of the cycle.

I know your face and mine will see
each other tomorrow in broad daylight.

Now we walk on dark streets,
we forget the parks,
the song of your voice,
the contemplation,
the flight of your hands after mine.

As you can see,
a world has been created—a world after
someone else's image and likeness.

On corner number four,
you drag pain around.

En la esquina cinco,
alguien habla de mí en este instante.

De este lado de la vida,
somos el eco del otro.

Aún así,
te veré mañana
a plena luz.

El tiempo tendrá otro rostro.

On corner Five, someone
speaks about me right this minute.

This side of life,
we're someone else's echo.

Even so,
I will see you tomorrow
in broad daylight.

Time will have a different face.

Vivo como un pedazo del poema de Mir

Vengo desde el corazón
hecho un río que recorre la tierra,
que la besa paraje por paraje
y recoge sus anhelos.

La Cruz, El caimito, La Rosa, Los Indios,
todos los nombres para un lecho,
para un viejo insomne,
vigilante de mis tiempos y sus historias.

Cenoví, serpentino, vivo aún
como un pedazo del poema de Mir,
se aferra a mi memoria.

Cada vez que se crece el olvido,
soy un río que recorre la tierra y
la lleva tiempo abajo.

Allá en la distancia hay un deseo,
un lugar donde reposan
la sed de estas aguas y mis anhelos.

I live like a verse from Mir's poem

I come from the heart.
I come as a river flowing through the earth,
kissing it here and there,
picking up her longings.

La Cruz, El Caimito, La Rosa, Los Índios...
these are all the names that make up a
home—they belong to an old insomniac,
vigilant of my times and stories.

Cenoví, dear winding old town
still alive, like a verse from Mir's poem,
clinging to my memory.

Every time forgetfulness overflows,
I am a river streaming over the earth,
pushing it downward in time.

Far out, distant, there's a wish,
a place where the thirst of these
waters and my yearnings rest.

Un navegar de sueños

Tras el horizonte
allá
lejos
después de beber en mis ojos
las aguas y sus sales,
se pierden los viajeros del Regina.

Pero los veo
en el abrazo sediento de otro abrazo,
en los espacios huérfanos,
en el llanto de sus madres,
yo los veo.

En el muelle,
en el tiempo,
deambulan los anhelos.

Travesía interminable es su odisea,
puñal que hiere
constantemente en la memoria.

A sailing of dreams

Behind the horizon
far out
after drinking from my eyes
the waters and the salt,
the passengers of the Regina vanish.

I see them, though,
in the hug avid for another hug,
in the orphan spaces,
in the sadness of their mothers,
I see them.

By the port,
by the streets of time,
their yearnings roam.

Their odyssey is an interminable journey,
a constant dagger plunged into memory.

Los veo,
siempre los veo.

Ellos regresan
enarbolando sus cantos de ausencia,
se hacen presente.

Detrás del Alcázar,
frente al río Ozama,
los polizones del Regina navegan sueños.

I see them,
I always see them.

As they return chanting their
absence until they become present.

Behind the Alcázar,
before the Ozama river,
the stowaways of
the Regina sail their dreams.

La vida canta

Desde el canto de las ranas
dibuja en mi memoria.

El zumbador y el carpintero
han esculpido este instante.

Proeza es la paciencia de Beba.

Allá, bajo el techo de yagua,
anidan la lluvia despiadada,
la leña mojada en el fogón,
la paila vacía.

Un gato salta
de segundo en segundo por la hora.

Life sings

My memory finds its drawing
in the singing of frogs.

The hummingbird and
the woodpecker have sculpted this instant.

Beba's patience is a feat.

Down there, under the *yagua* roof,
the merciless rain, the wet wood in the
fogón, and the empty *paila*
make their nests.

A cat keeps jumping,
from one second to the next, over the hour.

Creación

A este tiempo
le borraré el llanto, la risa,
y hasta mi nombre.

Entonces
habrá espacio para colocar
tu imagen y mis deseos.

A este tiempo
le nacerán tiempos,
caminos por donde transite
el deseo de lo tuyo
hasta el olvido del olvido.

Creation

I will erase the sorrow, the laughter,
and even my name from this time.

Thus will I find room to fit
your silhouette and my desires.

Other times will be born of this time,
roadways where my aspiration for
you and what's yours—down to
forgetfulness forgetting itself—
will find its own way.

Freud duerme

Digo, *amor.*

Cinco los sentidos, suman uno,
piden al espacio otro espacio,
un hueco para colocar al sexto.

Digo, *amor;*
invoco al que desmadeja los hilos
con los sueños a cuestas.

Llego hasta su puerta.

Freud es uno que ahora duerme.

Para cuando despierte,
ya habré creado el séptimo sentido
y su ascendente ya será real,
el infinito del amoroso tiempo.

Ya marcarán segundos mis latidos.

Freud is asleep

I say, *love*.

My five senses beg for one more;
they ask of this place another place,
a little room where to fit a sixth sense.

I say, *love;*
and summon those who know how to
unweave the thread with dreams on
their back.

I arrive at their doorstep.

Freud is asleep now.

By the time he wakes up,
I will have already created the seventh
sense and its ascendant will be real,
the infinity of love time.

My heartbeats will exact every second.

No han de morir en mí
los mundos en los que he muerto

A veces me asomo, irreverente.
Un nombre se aproxima
y deja ver el paraíso.

Trae entre letras la ternura:
Macorís es un recuerdo que crece,
un llamado al verde,
a la posibilidad de ver a Dios disfrazado
de mariposa, libélula o cigua palmera.

Andaba en sus caminos entonces;
era el mismo nuestro cielo,
florecía su sonrisa en mis senderos.

A veces me asomo,
dejo que hieran al olvido
los instantes a los que tanto debo.

Todo se recrea y permanece.
No mueren en mí
los mundos en los que he muerto.

**The worlds where I've died
shall not die in me**

I peek sometimes with irreverence.
A name gets close and lets
paradise be seen.

It brings tenderness among its letters:
Macorís is a growing memory,
a shout out to greenness,
to the possibility of seeing God
disguised as a butterfly,
a dragonfly or a *cigua palmera*.

I used to walk in its paths.
Our sky was the same back then,
its smile flourished in my way.

I come close sometimes and allow these
instants—to which I owe so much—
fight against oblivion.

All things return and stay.
The worlds where I've died won't die in me.

Púrpura

Color del tiempo,
de la inocencia,
de la sangre del piñón.

Púrpura,
flor de malla,
y color de un Dios
en días de ayuno.

Púrpura,
santo color de viernes mudos,
ya se abstiene mi credo,
ya despierta mi lengua.

Este deseo de correr,
saltar,
gritar y romper
el silencio en mil pedazos, me arrastra.

Purple

Color of time,
of innocence,
of the pine nut's blood.

Purple,
mesh flower,
you're the color of a god
in days of fastening.

Purple,
divine color of mute Fridays,
my creed is upon abstinence,
my tongue upon awakening.

This urge of running,
jumping,
screaming and breaking silence
in a thousand shards
keeps dragging me around.

El recuerdo es la distancia más corta entre dos tiempos

Fátima tiene alas.

Vestida de blanco vuela hasta mi hoy,
hasta el centro mismo de mi esencia.

Ahí
su imagen se amotina,
tira las ausencias al olvido
y un tiempo de presencias se hace grande.

Yo
alborotaba la casa
y ascendía al juego de los gatos.

El futuro fue ayer.

Hoy sé:
el recuerdo es la distancia más corta
entre dos tiempos.

Memory is the shortest distance between two times

Fátima has wings.

Dressed in white she flies
to my present time,
to the very center of my existence.

There
her image incites a riot,
throws her absences to oblivion
and a time of presences builds up.

I sunk the house in unquietness
and climbed to where the cats
used to play.

The future was yesterday.

Today I know:
memory is the shortest distance
between two times.

La memoria es un nombrarte

Coronado de angustias y soledades
en instantes infinitos,
sangro días que no te ven.

Has de andar en paralelos,
vestida con mi ausencia,
extraviada en los desencuentros.

Mi corazón te recuerda
como un cúmulo de latidos
cuyas voces aún cantan.

La memoria es un nombrarte,
un viaje introspectivo;
ausentar mundos que te son ajenos.

Soy tiempo y espacio,
un dios de creaciones nuevas,
plural
cuando te pienso.

Memory is a constant mention of your name

Crowned with anguish and loneliness
in endless instants,
I bleed days that don't see you.

You may be walking, parallel to me,
dressed with my absence,
adrift along all these failed encounters.

My heart remembers you
as a heap of heartbeats
whose voices still sing.

Memory is a constant mention
of your name,
an introspective voyage,
the act of vanishing worlds not my own.

I am time and space,
a god of new creations,
plural
when I think of you.

Circunnavegación

La nieve
la calle
la radio

yo
puedo pensar que existo
más allá de las formas,
dibujar demoras a este tiempo que
juega a consumirte,
volver a la instancia del momento anterior.

De nuevo yo
la nieve
la radio
la calle

esta ruta me lleva a tu ausencia.

Sailing in circles

The snow
The street
The radio

I can think that I exist beyond shapes,
that I can draw tardiness on this time
that plays at consuming you,
that I can return to the previous instant.

I, again,
the snow
the radio
the street

this road leads me to your absence.

Invierno en flor

Ha florecido el invierno.
Sobre la ternura del día,
cae una tristeza fina.

El blanco invade de neutro los colores
y desde ahí, se lanza un sorbo de café
para rescatarme de la muerte.

Ha florecido el invierno.

El tiempo pausa en su carrera hacia
un tiempo
y la tenue luz de un farol testigo
atraviesa la espesura de esta hora
como si quisiese salvar la vida misma.

Ha florecido el invierno, tarde,
en este abril de primavera complaciente,
de savia (que, confundida,
regresa hacia el letargo)
y de recuerdo que, como soles,
alumbran mi nostalgia.

Plain winter

Winter has bloomed.
A fine sadness falls onto
the tenderness of this day.

White invades with its neutrality
the rest of the colors and, from this place,
a mouthful of coffee comes my way
to rescue me from death.

Winter has bloomed.

Time makes a pause in its race
and the tepid light of a witnessing
streetlight drills through the density of this
hour as if intent on saving life itself.

Winter has bloomed, late, in this April
of complacent spring, of sap (which,
confused, goes back into lethargy),
and of memories—just like suns, they
shower light over my nostalgia.

Tus ojos habitan mi nostalgia

Cuando vuelvas,
solo cuando vuelvas,
habrá sonrisas
y caídas de sol hasta mi noche.

Ahora es distancia.

Un recorrido inicia en tu mirada,
galopa hasta mi soledad,
hasta el punto mismo en el que
tu nombre viste el tiempo.

Soy un desearte constante.

La tarde trae tu rostro.
Tus ojos habitan mi nostalgia.

Your eyes dwell in my melancholy

When you come back,
only when you come back,
there will be smiles,
there will be suns falling onto my night.

Now is but a distance.

A journey starts off in your irises,
gallops to my loneliness
up to where your name
is a garment time wears.

I am nothing but a constant want
of being with you.

The evening has brought your face.
Your eyes dwell in my melancholy.

Tu ausencia es motivo de guerra
por mis cielos

Un decir hecho de memorias habla
del tiempo en que crecieron los besos
y de la muerte del mundo
cuando se sublevaron los labios.

Aquí estoy,
hecho de insomnio y melancolía,
mordiendo la noche y sus laberintos.

En este intento de creación,
todo me persigue y quiere ser.

Todo es rebeldía.

Como ves,
tu ausencia es motivo de guerras
por mis cielos.

Your absence wages war in my heaven

Words born of memories speak of
that time when our kisses multiplied
and of the death of the world
upon the insurgence of our lips.

Here I am,
built of insomnia and melancholy,
biting at the night and its labyrinths.

In this attempt at creation,
all things chase me and wish to occur.

Everything is a rebellion.

As you can see,
your absence wages war
in my heaven.

A la deriva

El olvido no puede levantar el vuelo.

Persiste el entorno donde mi corazón
se leía en tus ojos y solía desbocarse.

Latidos antes de la entrega,
cuando éramos de naturaleza eterna.

Latidos antes de la muerte.

Solo el olvido,
porque nosotros fuimos benignos al ancla.

Otra América,
un lugar donde floreció el plural.

Ahora, vientos más fuertes azotan al velero
(donde viajan las cosas nuestras).

A la deriva,
surcamos las turbulentas aguas de un adiós.

Adrift

Oblivion cannot fly.

That place, where your heart could be read
in my eyes and run wild, persists in time.

Heartbeats before giving yourself to me,
when we were of an endless nature
—heartbeats prior to death.

Only oblivion,
because we were benign to the anchor.

Another America,
a place where plurality bloomed.

Now stronger winds lash at the sailboat
(where all things ours travel.)

Now, adrift, we cruise through turbulent
waters toward a farewell.

Dibujo demoras

Llueve,
caen palabras a mi voz.

Un *te quiero* se lanza hasta la ira,
transita tiempos de conflictos.

Dibujo demoras,
¿de qué está hecho el olvido?

No lo sé.
Solo conozco tu estructura
y ese mundo de risas cuando estabas.
Solo conozco del día.

Ahora es noche.
Te imagino inquieta.

Llueve,

¿serán tus ojos los que hablan?

I draw delays

It's raining,
words drop onto my voice.

An *I love you* plunges down to wrath,
transits through periods of conflict.

I draw delays,
What is oblivion made of?

I don't know.
I only know your structure
and that planet of laughs
of when you were here.
I am only familiar with day.

It is night now.
I imagine you restless.

It's raining

or is this the language of your eyes?

Voy a soltar el alma

Llegado el momento,
voy a soltar el alma.

Lanzaré los segundos al minuto
cincuenta y nueve,
al vacío de la hora pasada.

Con ellos caerán tu ausencia
y esta melancolía que se extiende
hasta mis años.

Llegado el momento,
andarán mis manos como barcas por
tus aguas
y latidos cruzarán de pecho a pecho
cuando suelte el alma.

I will set my soul loose

When the right time comes,
I will set my soul loose.

I will throw the seconds toward the clock's
hands as they hit the fifty-ninth minute,
toward the emptiness of the previous hour.

Your not-being-here will fall with them,
and this sorrow that stretches
all the way to my years.

When the time comes,
my hands will sail
like a rowboat over your waters
and there will be heartbeats
crossing from
chest to chest
right when I set my soul loose.

Diestro

A la derecha del pecho
no tengo un corazón,
nada que delate
la presencia de un solitario.

Solo un abrazo.

Un abrazo sediento del tuyo
y un sentir que extiende la noche
hasta tu nombre.

Como ves,
de un tiempo a esta parte
me da por recordarte.

Right side

In the right side of my chest
I don't have a heart
(nothing that would betray
the presence of a lonely man.)

There's only a hug.

An embrace that hungers for yours
and a feeling that elongates the night
until it reaches your name.

As you can see,
remembering you has
become a sort of habit.

Tú Eva, yo Adán

Una de estas tardes
buscaré rutas;
me iré por ellas hasta las ventanas
y pediré tu presencia.

Entonces
tú Eva y yo Adán
andaremos juntos,
harán caminos nuestros pasos.

Por ellos iremos hasta las seis,
hasta la sombra del día.

Ya estando ahí,
si vemos que mueren mundos,
pediré a tus ojos
que construyan universos.

You, Eva. I, Adam

One of these afternoons,
I will search for routes
that lead to the right windows
and I'll ask to see you.

Then,
You and I —Eve and Adam—
will walk together.

Our steps will create passageways
and they will take us to Six p.m.,
to the shadow of our day.

Once there,
If we notice worlds are dying,
I will ask your eyes
to build universes.

Como alas de sol

Escribo.

Ya anduve en el olvido y te recuerdo:
no es fácil exiliar este sentir.

Escribo,
ya casi agoto mi último recurso,
ya me rindo ante la certeza del vuelo
por el infinito que propones.

Porque tú,
disfrazada de besos y abrazos,
te lanzas desde cualquier instante
y llegas hasta mis sombras,
como alas de sol.

Like wings from the sun

I write.

I've travelled over oblivion
and still remember you:
this feeling is not easily exiled.

I write,
I'm almost out of resources,
I'm about to give up before
the certainty of this flight to
the endlessness you propose.

Because you,
disguised with kisses and hugs,
jump forth from any moment
to land on my shadows,
like wings from the sun.

Veo que sonríes

En tu rostro se adivinan
los "te quiero".

Una mirada abre puertas,
entras, una y otra vez, entras,
deambulas por las instancias de mi ser
y todo se reduce a lo inmenso
de ese instante.

Sonríes,
todo se contrae;
el espacio consume sus espacios,
se gasta en sí mismo,
para dejarnos saber
que la impenetrabilidad ya
no es más un axioma.

Habría que ver
cómo detienen
la inserción de mi mundo en el tuyo
y viceversa.

I see you smiling

In your face
I can guess the words *I love you.*

One stare of yours and the doors open.
You enter, time after time, you enter;
roam about the instances of my being
and it all comes down to the immensity
of that instant

You smile,
everything turns small.
The place consumes itself
to let us know impenetrability
Is no longer an axiom.

They will have to figure out how
to stop the insertion of your world
in my world
and viceversa.

La preñez del verbo
y estos versos que liberan mis manos,

debo decir,

desde que tus ojos visitaron mi alma
ha crecido el canto.

The pregnancy of our verbs
and these verses that set my hands free,

I must say,

ever since your eyes came by my soul,
this song is an ascension.

Tu nombre

Tu nombre es un amor de besos y abrazos,
un reclamo de costillas ancestrales,
un verso que seduce mis manos.

Soles que te traen visible
construyen el infinito en la memoria.

Tu nombre es un viernes lluvioso,
un escape del sueño a lo real,
a la sonrisa misma del tacto.

Your name

Your name is love made
of lips and arms,
a claiming of ancestral ribs,
a verse seducing my hands.

These suns, which allow me to see you,
build infinity in my memory.

Your name is a rainy Friday,
a gateway from dream to reality,
to the very smile produced by our touch.

Índice / Index

Contenido

Parte I

Parte II

Instancias

Rafael Antonio Tejada, escritor

dominicano, nacido en San Francisco de Macorís. Resi-de en Nueva York desde 1990, donde realizó estudios de educación infantil.

Ingeniero agrónomo de profesión que cultiva el arte de escribir, especialmente en los géneros de poesía y narrativa. Fue miembro del taller literario César Vallejo desde el 1987 al 1989. Hybrido, Lacuhe, y la antología del Festival Poético de las Américas, de Nueva York, han publicado parte de sus trabajos. En el 2008 publicó el libro de cuentos "La sed del metal". Su novela "La vida y los tiempos" fue galardonada en los premios Funglode 2014.

Otros poemarios y novelas inéditos esperan ser publicados.

Dominican writer, born in San Francisco de Macorís. He has lived in New York since 1990, where he studied early childhood education.

An agronomist by profession who cultivates the art of writing, especially in the genres of poetry and narrative. He was a member of the César Vallejo literary workshop from 1987 to 1989. Hybrido, Lacuhe, and the anthology of the Poetic Festival of the Americas, in New York, have published part of his work. In 2008, he published the short story book "The thirst of metal." His novel "Life and Times" was awarded at the 2014 Funglode Awards.

Otros libros / Other books

www.booksandsmith.com:

VIENTO DEL ESTE
WIND FROM THE EAST
Luisa Navarro

VOZ PROPIA
VOICE OF OUR OWN
Edgar Smith

SI ACASO LA NEBLINA
IN CASE THE MIST
Jorge Paolantonio

POR SI NO AMANECE
IN CASE DAWN NEVER COMES
Belkis M. Marte

www.ingramcontent.com/pod-product-compliance
Lightning Source LLC
Chambersburg PA
CBHW051827040426
42447CB00006B/400